ANALISI DEL LIBRO

AF137518

L'arte della guerra

Sun Zi

ANALISI DEL LIBRO

Scritto da Christophe Van Staen
Tradotto da Sara Rossi

L'arte della guerra

SUN ZI

SUN ZI   **5**

Generale, stratega e filosofo cinese   5

L'ARTE DELLA GUERRA   **6**

Il più antico trattato di strategia militare conosciuto   6

SINTESI   **7**

La struttura dell'opera   7
Conoscenza del nemico   8
Guerra psicologica   9
Il principio della buona gestione   10
Il principio di precauzione   11

ILLUMINAZIONE   **12**

Uno status ambiguo   12
Accoglienza e posterità   12

CHIAVI DI LETTURA   **15**

Una dialettica dell'inventario   15
Il substrato filosofico de L'*Arte della Guerra*   16
Una guida più che un manuale   17

ULTERIORI RIFLESSIONI   **19**

Alcune domande per un'ulteriore riflessione...   19

ULTERIORI LETTURE   **21**

Edizione di riferimento   21
Studi di benchmark   21
Adattamento   21

SUN ZI

GENERALE, STRATEGA E FILOSOFO CINESE

- **Nato nel VI secolo a.C.**
- **Morto nel V secolo a.C.**
- **Il suo lavoro:**
  - *L'Arte della Guerra* (VI secolo a.C.), trattato di strategia militare

La biografia di Sun Zi (il suo vero nome era Sun Wu, che in realtà significa "Maestro Sole") è incompleta e discutibile, poiché è documentata solo secoli dopo la sua morte. Secondo la tradizione, questo generale dello Stato di Qi (nel nord dell'attuale provincia di Shandong, in Cina) visse nel VI secolo a.C., durante il periodo delle Primavere e degli Autunni (o periodo Chunqiu, 722-481 a.C.). La diffusione della sua *Arte della Guerra* portò il re Helu dello stato di Wu (oggi provincia di Zhejiang) a interessarsi a lui. Dopo averlo messo alla prova per testare la sua competenza, lo nominò generale dei suoi eserciti.

L'ARTE DELLA GUERRA

IL PIÙ ANTICO TRATTATO DI STRATEGIA MILITARE CONOSCIUTO

- **Genere:** trattato di strategia
- **Edizione di riferimento:** *L'Art de la guerre*, traduzione dal cinese ed edizione critica di Valérie Niquet, Parigi, Éditions Economica, coll. « Bibliothèque stratégique », 1999, 178 p.
- **1ª edizione:** sconosciuta, ritenuta intorno al VIe secolo a.C..
- **Temi:** guerra, strategia, psicologia, prudenza, conoscenza, filosofia

L'Arte della Guerra di Sun Zi è la più antica opera conosciuta sulla strategia militare. Secondo l'autore, una guerra ben combattuta deve essere rapida e poco costosa. Insegna l'arte di vincere spingendo il nemico a commettere un errore o ad arrendersi e dà grande importanza alla psicologia, all'astuzia e allo spionaggio.

Questo trattato ha avuto un'influenza decisiva sul pensiero militare e poi manageriale (gestione aziendale) in tutto il mondo. Inoltre, l'enfasi sulla psicologia del combattimento è ripresa in molti conflitti moderni.

SINTESI

Presentiamo un breve riassunto dei principi fondamentali discussi ne *L'Arte della Guerra*, suddividendoli in cinque sezioni:

- il primo descrive la struttura generale dell'opera;

- la seconda e la terza presentano raccomandazioni psicologiche (relative alla conoscenza del nemico e all'uso dell'inganno);

- la quarta e la quinta si occupano di consigli tattici (sulla buona gestione militare e sulla riduzione dei rischi).

LA STRUTTURA DELL'OPERA

L'opera è composta da 13 articoli che coprono tutti gli aspetti dell'Arte della Guerra secondo Sun Zi. Sono indipendenti l'uno dall'altro e non intendono essere una spiegazione cronologica delle fasi preparatorie di un confronto. Questa organizzazione sequenziale è tuttavia piuttosto libera e deriva da un'unica filosofia, e capita spesso che le nozioni esposte in un capitolo si ripetano in quelli successivi.

C'è anche uno spostamento di prospettiva dal generale allo specifico. Infatti, il primo articolo è dedicato ai piani strategici e gli ultimi alle raccomandazioni specifiche, come l'attacco a fuoco o lo spionaggio.

Sun Zi sostiene che la vittoria militare è una questione di calcolo: "L'Arte della Guerra è: primo misurare, secondo stimare le capacità, terzo calcolare, quarto valutare, quinto vincere" (p. 116). Il generale che vince è quindi il più lungimirante, quello che ha tenuto conto di un insieme di variabili di cui Sun Zi fa un inventario (la topografia, il morale delle truppe o le circostanze dello scontro, per esempio).

CONOSCENZA DEL NEMICO

Una delle citazioni più famose di Sun Zi è: "Conosci il tuo nemico e conosci te stesso, così la vittoria non sarà incompleta […]" (p. 135). Poiché l'Arte della Guerra, secondo lui, implica la padronanza di diverse variabili, questa raccomandazione è essenziale, poiché tra quelle che evidenzia ci sono il generale, il metodo e la virtù dell'avversario.

- Sun Zi spiega che un buon generale deve essere in grado di guidare le sue truppe "come un gregge di pecore" (p. 139). Questo potere deriva dalla giustizia del suo comando. Lo stratega dipinge poi un ritratto psicologico di alcuni generali che mancano di questa qualità, indicando come sfruttarla al meglio: "Colui i cui uomini litigano e marciano sempre insieme ha perso la fiducia delle sue truppe. Chi distribuisce troppe ricompense è nei guai. Chi punisce molto è nei guai" (p. 131).

- Il metodo si riferisce all'organizzazione delle truppe, che varia da un esercito all'altro.

- Per virtù, infine, intende la causa morale di una campagna militare e l'accordo dei sudditi con il loro governante, da cui dipende il loro coinvolgimento nel conflitto.

Questi dati devono essere conosciuti per condurre una guerra efficace: da qui l'importanza delle spie, sottolineata dall'autore, che dedica il tredicesimo dei suoi articoli al loro utilizzo. Egli osserva inoltre che questa conoscenza del nemico deve derivare non solo dall'osservazione, ma anche dalla provocazione: "Bisogna metterlo alla prova per conoscere i suoi punti di forza e di debolezza" (p. 122).

GUERRA PSICOLOGICA

Mettere in difficoltà l'avversario è un altro punto centrale dell'*Arte della Guerra* di Sun Zi. In tutto il suo testo, l'autore insiste sull'importanza di ingannare il nemico: "Bisogna costringere il nemico a prendere strade tortuose, attirarlo con esche […]" (p. 124).

La nozione di controspionaggio compare poi nel suo trattato, attraverso la raccomandazione di organizzare la fuga di notizie false ("La guerra è l'arte dell'inganno. Per questo chi è capace deve far credere di essere incapace", p. 108); "Per trasmettere informazioni false al mondo esterno, faccio in modo che le mie spie lo sappiano e lo trasmettano alle spie nemiche […]", (p. 145).

Lo scopo di queste manovre è quello di poter "approfittare del fatto che il nemico non è pronto, per attaccare dove non si aspetta, in modo imprevedibile" (p. 137). Nel suo terzo articolo, Sun Zi spiega che è meglio attaccare prima i piani e le alleanze del nemico, annullando così le circostanze favorevoli alla sua vittoria, prima di attaccare i suoi eserciti. "Il buon stratega sottomette il nemico senza combattere, si impadronisce delle città nemiche senza attaccarle" (p. 112), scrive.

Da quel momento in poi, la priorità è la resa. Si può ottenere se l'avversario viene privato del suo potere: "Dovete prima impadronirvi di ciò che apprezza di più, poi vi ascolterà" (p. 137). Il dominio non si ottiene quindi con la violenza, ma con l'abilità e l'astuzia, che evitano pesanti perdite umane.

IL PRINCIPIO DELLA BUONA GESTIONE

Se Sun Zi cerca di ridurre al minimo le perdite umane, è perché un principio generale di economia governa la sua *Arte della Guerra*. Raccomanda :

- ridurre la quantità di rifornimenti necessari all'esercito, impossessandosi delle risorse alimentari dell'avversario ("il saggio generale deve nutrirsi del nemico", p. 111) e del suo equipaggiamento militare e usarlo contro di lui;

- ridurre la fatica dei soldati evitando spostamenti inutili. Al contrario, consiglia di incoraggiare l'avversario a percorrere la distanza che lo separa, aspettandosi che sia il più esausto al suo arrivo. "Un buon combattente deve attrarre il nemico e non essere attratto da lui" (p. 120), spiega;

- per mantenere alto il morale delle truppe. "Se i soldati vengono castigati ma non amati, non si può fare affidamento su di loro (p. 132). Questo implica alcune qualità nel loro generale, che deve essere giusto e imparziale nei loro confronti. Anche la catena di comando deve essere forte e il generale deve coltivare le stesse qualità in tutti i suoi subordinati, perché "se i soldati sono forti e gli ufficiali sono deboli, questo porta all'indolenza" (p. 134).

Infine, Sun Zi specifica che un generale può rifiutarsi di obbedire a un ordine del suo sovrano, se quest'ultimo lo costringe a sottrarsi al principio assoluto della gestione intelligente delle forze armate: "Se la vittoria è certa e il sovrano dice 'non combattere', è lecito combattere; se la vittoria non è possibile e il sovrano dice 'dovete combattere', è lecito non combattere" (p. 135).

IL PRINCIPIO DI PRECAUZIONE

Oltre al principio di economia, c'è il principio di prudenza, che richiede che nessun movimento di truppe sia ordinato senza la certezza che non metta in pericolo l'esercito. Senza la certezza della vittoria, Sun Zi raccomanda di evitare qualsiasi scontro: "Non si deve attaccare un nemico su un'altura; non ci si deve opporre a un nemico appoggiato a una collina; non si deve inseguire un nemico che finge di fuggire [...]" (p. 126).

Idealmente, il combattimento è auspicabile solo se una serie di condizioni sono soddisfatte dalla propria parte e non dall'altra: l'umore (cioè la determinazione), la mente (cioè la lucidità), la forza (cioè la vitalità) e le circostanze (cioè la preparazione). Così, Sun Zi afferma che "le disposizioni di coloro che non commettono colpe devono trionfare: vincono su un nemico sconfitto. [...] Ecco perché un esercito vittorioso è vincente ancor prima di cercare la battaglia" (p. 116).

Questa cautela implica che devono essere prese in considerazione anche variabili indipendenti dal nemico: le condizioni climatiche e la topografia. Sun Zi dedica il decimo e l'undicesimo articolo alla configurazione dei terreni, di cui distingue nove tipi, ciascuno con caratteristiche diverse, favorevoli all'attacco o alla difesa.

ILLUMINAZIONE

UNO STATUS AMBIGUO

C'è qualche dubbio sullo status esatto de *L'Arte della Guerra, che* a volte è considerato un documento originale e a volte una testimonianza indiretta dell'insegnamento di Sun Zi. L'esistenza stessa di questa personalità è stata messa in dubbio da alcuni commentatori, che attribuiscono questo trattato a Sun Bin, uno stratega del IV secolo a.C., la cui vita è meglio documentata. Sebbene questa ipotesi sia stata respinta dagli studiosi contemporanei, l'identità esatta di Sun Zi rimane incerta.

La questione del vero autore del trattato rimane complessa. Ogni articolo è introdotto dalla frase "Sun Zi disse", che può far pensare che sia stato scritto da una terza persona. Tuttavia, molti passaggi sono scritti in prima persona singolare. Inoltre, il tono esperto utilizzato suggerisce che queste osservazioni non sono state fatte da un semplice copista, ma da un vero e proprio stratega. Lo dimostra, ad esempio, l'affermazione perentoria sull'importanza della preparazione: "Osservando entrambe le parti attraverso questo criterio, posso vedere chi vincerà e chi sarà sconfitto" (p. 109).

ACCOGLIENZA E POSTERITÀ

Il trattato di Sun Zi fu presto ampiamente diffuso e commentato in Cina. Ottenne un notevole riconoscimento nel XI secolo d.C., quando l'imperatore Shen Zong (1048-1085) lo incoronò con un editto "classico militare", insieme ad altri sei testi. Questi sette classici furono insegnati da allora a tutti gli ufficiali dell'Impero e, tra questi, *L'Arte della Guerra* era considerato il più importante.

Riscoperto in epoca moderna, dopo essere stato un po' trascurato, il trattato ha avuto una notevole influenza sui primi scritti di Mao Zedong (1° presidente della Repubblica Popolare Cinese, 1893-1976). All'inizio della guerra civile (1927-1950), il suo campo era numericamente inferiore, il che lo portò a utilizzare le tecniche di guerriglia e, da quel momento in poi, ad applicare le raccomandazioni di Sun Zi, legate tanto ai principi dell'economia e della prudenza quanto alla psicologia. Tuttavia, Mao Zedong rifiutò di accettare questa eredità – lo status accademico e quindi elitario del trattato nuoceva alla sua dottrina secondo cui il passato doveva essere cancellato per dare il potere al popolo – e lavorò invece per riappropriarsi dei precetti dello stratega.

In occidente, *L'Arte della Guerra* è stata introdotta in Francia solo nel XVIII secolo, attraverso la Missione dei Gesuiti in Cina (1582-1773). Il suo primo traduttore fu padre Joseph-Marie Amiot (francese, 1718-1793), che lo pubblicò nel 1772 con il titolo *Les Treize Articles*. Questa versione, che ha il merito di diffondere i precetti di Sun Zi nel mondo francofono, non è tuttavia molto fedele all'originale: Amiot include spiegazioni del testo e commenti. Sono state quindi sostituite altre traduzioni, ma basate su versioni inglesi del testo. Solo alla fine del XX secolo è stata pubblicata la prima edizione critica francese de *L'Art de la Guerre*.

Il libro è oggi considerato in tutto il mondo un classico del suo genere ed è quindi una lettura consigliata nelle accademie militari. Ha trovato applicazione anche al di fuori dell'ambito militare, nel campo della strategia legale e nell'ambiente competitivo delle grandi aziende, soprattutto americane e giapponesi. Ad esempio, i tratti caratteriali che Sun Zi raccomanda ai generali sono oggi alla base del successo dei manager; la conoscenza dell'avversario e la gestione parsimoniosa delle risorse sono necessarie in ogni situazione competitiva; quanto allo spionaggio, se il generale cinese lo concepisce come militare, può essere anche industriale.

CHIAVI DI LETTURA

UNA DIALETTICA DELL'INVENTARIO

La "dialettica" è un metodo di ragionamento o di discussione. Quello preferito da Sun Zi ne *L'Arte della Guerra* è simile a un inventario. L'autore elenca molte variabili legate al dominio militare (comando, circostanze, topografia, ecc.), che poi dettaglia una per una, spiegando l'esito di altrettanti scenari diversi. Il trattato elenca quindi diverse serie:

- cinque vantaggi (lo stato del terreno, le vie di comunicazione, la debolezza dell'esercito, il generale e le fortificazioni avversarie);

- cinque pericoli per un generale (voler assolutamente morire, voler assolutamente vivere, arrabbiarsi, essere onesto e incorruttibile, amare troppo i propri uomini);

- quattro modi di collocare le truppe (in montagna, vicino ai fiumi, nelle saline, nelle alte pianure);

- sei tipi di terreno (che possono essere attraversati, che devono essere sorvegliati, che devono essere tenuti, dove ci sono passaggi difficili, che sono pericolosi e che sono remoti);

- sei cataclismi (fuga, liberazione, rischio di cadere in mano al nemico, crollo, confusione e sconfitta);

- nove tipi di territorio (di dispersione, facile, per cui combattere, di incontro, di incrocio, difficile, dove si può essere distrutti, circondati e mortali);

- cinque modi di attaccare con il fuoco (bruciando uomini, scorte, carri di rifornimento, magazzini e truppe) e cinque tipi di fuoco;

- cinque tipi di spie (influente, insider, flipped, sacrificata e deve vivere);

- ecc.

Attraverso questa dialettica dell'inventario, *L'Arte della Guerra* ha una vocazione esaustiva: cerca di coprire ogni possibile scenario bellico. Sun Zi vede il suo lavoro come un mezzo per "codificarlo attraverso [le variabili], [studiarlo] facendo piani per comprendere perfettamente la situazione" (p. 107). L'approccio dello stratega a questa codificazione rende la pratica della guerra un'arte a sé stante.

IL SUBSTRATO FILOSOFICO DE *L'ARTE DELLA GUERRA*

L'Arte della Guerra ha alcune radici nel Taoismo. La convinzione taoista che tutti gli stati sono impermanenti è alla base della strategia di Sun Zi. Secondo lui, la vittoria deve essere colta solo quando le condizioni sono favorevoli; in caso contrario, è necessario ritardare il confronto. Un buon generale deve quindi essere in grado di percepire la costante variazione dei fattori che influenzano l'esito di una battaglia.

Se quest'ultimo è in grado di leggere con precisione l'evoluzione delle circostanze su un fronte armato, sa quando colpire. Per questo, Sun Zi raccomanda di avanzare quando il nemico è debole e di ritirarsi quando è forte. Esprime questa filosofia in particolare nel sesto articolo, intitolato "Del vuoto e del pieno". Lì scrive, usando una metafora, che "l'esercito dovrebbe essere come l'acqua: evita le altezze e si precipita nelle cavità, così l'esercito evita il pieno e attacca il vuoto" (p. 123).

Per illustrare il carattere universale di questa mobilità delle cose, Sun Zi utilizza la teoria dei cinque elementi (legno, fuoco, terra, metallo e acqua), che è centrale nella filosofia taoista ("Nessuno dei cinque elementi domina gli altri per sempre; nessuna delle quattro stagioni è eterna; alcuni giorni sono brevi, altri lunghi; la luna muore e rinasce", p. 123).

Nella sua retorica, Sun Zi riprende anche le opposizioni complementari della filosofia cinese (il cosiddetto yin e yang), ad esempio descrivendo le variabili delle condizioni climatiche ("luce e ombra, freddo e caldo", p. 107). Alcuni commentatori sostengono inoltre che, descrivendo la guerra come "la via della sopravvivenza o dell'annientamento" (p. 107), lo stratega si riferisce alla Via nel senso taoista del termine, che si riferisce a un percorso morale personale.

UNA GUIDA PIÙ CHE UN MANUALE

Nel suo trattato militare, Sun Zi usa un tono molto categorico nel presentare le sue raccomandazioni. L'opera sembra quindi essere presentata come un manuale le cui regole devono essere seguite alla lettera, come sembrano indicare le numerose ingiunzioni che abbondano nel testo ("Sun Zi dice", "Tu devi", "Il generale deve", ecc.)

Tuttavia, se lo si osserva più da vicino, si noterà che la maggior parte delle idee proposte sono in realtà principi generali a cui pensare quando si mette a punto il proprio piano di battaglia, piuttosto che tecniche e consigli da applicare direttamente. In effetti, i suoi consigli sono raramente abbinati a spiegazioni concrete. Ad esempio, pur affermando che "in guerra è meglio attaccare i piani combinati del nemico" (p. 112), Sun Zi non spiega concretamente come sconfiggere il nemico. Non illustra le sue parole con storie di guerra, o addirittura con le storie di veri generali, né fornisce esempi di piani di battaglia o altre strategie di successo.

Da quel momento in poi, ciò che sembra emergere dalle righe è più vicino a un ideale, quello di un generale e di una guerra ben combattuta. I principi che Sun Zi enuncia sono quindi soprattutto consigli da meditare, esaminare e integrare per diventare un generale migliore o, secondo una lettura più moderna, un migliore direttore d'azienda. L'*Arte della Guerra* si articola quindi come una guida che sostiene un modo di essere piuttosto che un modo di fare. Per questo motivo, questo trattato è ugualmente applicabile in campo militare, economico e persino sportivo.

ULTERIORI RIFLESSIONI

ALCUNE DOMANDE PER UN'ULTERIORE RIFLESSIONE...

- Cosa c'è nei suoi principi che rende *L'Arte della Guerra* così attuale 25 secoli dopo la sua stesura?

- Sun Zi disse: "Per avanzare in modo inarrestabile, bisogna precipitarsi negli interstizi del nemico" (p. 121). Commenta la sua affermazione.

- In che modo un generale può conoscere il suo nemico?

- Qual è il vantaggio per un soldato di servire sotto un generale che conosce bene L'*Arte della Guerra* di Sun Zi?

- Quale influenza ha avuto la filosofia taoista sui precetti del generale cinese?

- In che senso si può dire che *L'Arte della Guerra* ha una vocazione esaustiva?

- Sun Zi, permettendo a un generale di disobbedire agli ordini del suo re se sono dannosi, favorisce il principio della gestione intelligente rispetto alla rigida obbedienza. Che tipo di deriva può provocare una licenza di questo tipo?

- Se i generali hanno questa libertà, lo stratega raccomanda loro di garantire la più stretta obbedienza del popolo e degli ufficiali dell'esercito. Quale qualità, assente nei soldati comuni ma presente nei buoni generali, lo giustifica?

- La guerra, secondo Sun Zi, è una questione di virtù? Giustificate la vostra risposta.

- Secondo lei, lo studio di quest'opera può formare un vero genio militare nell'Arte della Guerra, visto che questo trattato propone una ricetta unica?

ULTERIORI LETTURE

EDIZIONE DI RIFERIMENTO

Sun Zi, *L'Arte della Guerra*, traduzione dal cinese ed edizione critica di Valérie Niquet, introduzione di Maurice Prestat, Parigi, Éditions Economica, collezione «Bibliothèque stratégique», 1999.

STUDI DI BENCHMARK

Fayard P., *Comprendre et appliquer Sun Tzu. La pensée stratégique chinoise : une philosophie en action*, Paris, Dunod, coll. «Stratégies et Management», 2004.

Niquet V., *Les Fondements de la stratégie chinoise*, Paris, Éditions Economica, coll. «Hautes études stratégiques», 1997.

Phelizon J.-F., *Relire l'Art de la guerre de Sun Tzu*, Paris, Éditions Economica, coll. «Stratèges et stratégies», 2008.

ADATTAMENTO

L'Arte della Guerra, manhua (fumetto cinese) di Li Zhiqing e Li Weimin, 1995-2006.

Vogliamo sapere da voi!
Lasciate un commento sulla vostra biblioteca online
e condividete i vostri libri preferiti sui social media!

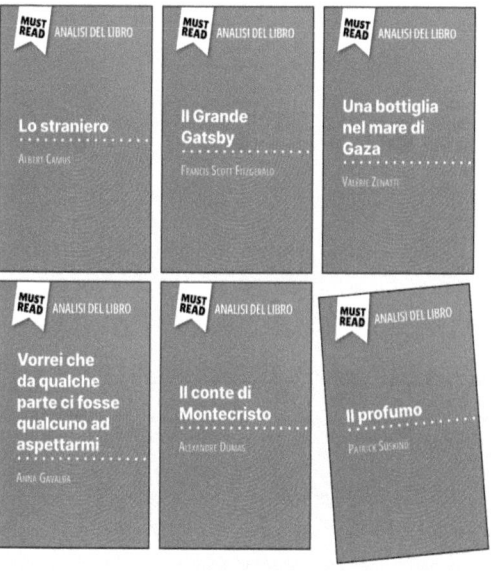

Sebbene l'editore faccia ogni sforzo per verificare l'accuratezza delle informazioni pubblicate, 50minutes.com non si assume alcuna responsabilità per il contenuto di questo libro.

www.50minutes.com

Master ISBN: 9782808690928
ISBN cartaceo: 9782808612326
Deposito legale: D/2023/12603/1512

Copertura: © Primento

Concezione digitale a cura di Primento, il partner digitale degli editori.